LE THEATRE

DE LA FORTVNE,

DES BEAVX ESPRITS
de ce temps.

Ensemble l'action de grace, sur la liberté du Sieur Theophille.

Fortuna & Luna.

M. DC, XXV.

LE THEATRE DE LA
FORTVNE, DES BEAVX
esprits de ce temps.

Ensemble l'action de grace, sur la liberté du sieur Theophille.

Fortuna & Luna.

C'Est maintenant plus que iamais qu'il faut considerer Theophille, qu'aussi tost que l'homme est né, il faut qu'il se resoluë à supporter ce pesant fardeau de tous mal-heurs, & viure tousiours en crainte continuelle en attendant cette dure departie de la mort, & souuentesfois par tourmens incroyables, desquels ce grand Docteur sainct Augustin s'esmeruveillant, dresse ceste complainte & queremonie à Dieu.

Seigneur, apres auoir soustenu tant de maux, la mort importune s'enfuit, *Heu michi quia incolatus meus prolongatus est,* Et toute-fois l'homme ne sçait sa fin, & quant il estime estre au piuot de la fortune, c'est

lors qu'il est incontinent renuersé, il des-
chet & perit.

La mort est si espouuentable, que mes-
me elle a faict apprehender le Dieu de la
Nature au poinct de la separation du corps
& de l'ame.

Ce grand prophete Royal Dauid plo-
rant si amerement, son fils Absalon, di-
soit, Qui fera que ie meure pour toy mon
enfant.

Or quant tous les hommes ont passé
la barque de la mort qu'est deuenu
toute leur gloire? Ou sont leurs pom-
pes & trophées? ou sont maintenant leurs
riches voluptez & desirs? Ou sont leurs
Maiestez, leurs excellences & l'interest?
ils sont esuanouis comme l'ombre (dit
le Psal.) il leur en est pris comme au ve-
stement que les vers ont mangé, ils sont la
proye des vers & des serpēs. Voila l'acte le
plus redouté de toute tragedie humaine.

Telles & semblables considerations ont
fait que Theophile n'a plus faict estat de
la vanité du monde, & c'est resolu de l'a-
bandonner pour iamais, & pour en faire
paroistre les effets, il auroit faict part à ses
amis de son Adieu.

ADIEV AV MONDE, PAR

Theophille, adresse'
à ses amis.

CE pendant qu'eslongné de vos yeux ie souspire
Sans faueur de secours, desperance & de port
Ie t'appelle a mes regrets la bien heureuse mort,
Qui peut seule auancer mon mal & mon martyre.

Car comme sur la mer est poussé le nauire,
Mon cœur est agité par mon iniuste sort,
Et l'horreur de mon mal d'vn eternel effort
Entre cent milles escueils, d'heure à heure m'attire.

Mais quant ie vois la mort ie fais milles humbles vœux
A la Diuinité de m'estre fauorable:
Ainsi ie veux mourir supportant mes douleurs
Et croire que ma vie en soit moins miserable,

Trop ennuyé de voir du monde les malheurs
Ie me serre le cœur d'ennuis & de douleurs,
Et d'vn triste soupir ie tesmoigne ma peine,
En sanglots nuict & iour ie lamente à part moy
Remply de desespoir & tout comblé desmoy,
En beaucoup de regrets ma misere ie traine.

Il n'y a plus de foy, il n'y a plus d'honneur
En ce monde il n'y a qu'abus & tout erreur
Et chacun va suiuant l'ardeur de son enuie.
Les peuples sont sans Dieu, sans cœur sans loy-
    auté,
Ils n'ont rien que l'orgueil, & la temerité:
Compagnons eternels de leur meschante vie.

Il n'y a rien de seur, le monde n'est qu'ennuy
Tel nous aymoit hier qui nous hait auiour-
    d'huy
Et tel nous benissoit, dont la voix nous outrage
Nous sommes en tel point qu'il faut l'imaginer
Que les mortels voudroiēt s'entre-voir ruyner,
Tant s'espend icy bas leur inhumaine rage:

Voyant tant de desdain au monde s'arrester,
Ie n'y cognois sinon cause de s'attrister,
Et rien que le despit ne peut plaire a ma vie,
Que si les effets d'vn honneste souhait,
Ne me touchoient le cœur de moy ce seroit fait
Car dessouz tels efforts mon ame fut perie.

Mais les heureux desseins de mon affection
Qui mettent dans mon cœur toute deuotion,
Consolans mes esprits donnent trefue a mon
    ame,
Et touchant mes pensees de ce qui est plus saint
Font que d'vn zele ardant, mon desir soit atteint
D'vn feu qui tout diuin heureusement l'en-
    flame.

Sainte deuotion qui me touche le cœur !
T'y couurant doucement redouble ton ardeur
En ceste opinion qui seule me contente
Afin que par ton ayde auec la pieté
Loin du monde meschant fuyant la vanité
I'obtienne les effets de ma fidelle attente.

En ma deuotion ie me veux consommer
Et voulant sainctement la solitude aymer
Ie la reserreray ou elle est honorée
Ce monde ie laisse ainsi que restant rien
Et pour elle par fois descouurir quelque bien
I'vseray par les bois ma vie retirée.

Bien-heureux sont les cœurs qui tout deuo-
     tieux
Amis de pieté, des vertus curieux
Hermites vont chercher l'heur le plus agreable
Car il n'est meilleur que chercher sainctement
Sans crainte des labeurs, le doux contente-
     ment
De la deuotion paisible & charitable.

Et pource y a prins ie veux que mon plaisir
Soit d'auoir dans le cœur, le sainct humble
     desir,
D'estre en ce bois austere y confiant ma vie.
Fondu en pieté par mes deuotions
Rendant ces lieux tesmoings, de mes inten-
     tions
Ie rompray le mal-heur qui m'a l'ame asseruie.

Hermite trauerſant ces deſtours hazardeux
Ie feray voir à tous que mon cœur genereux.
N'a reſolution qu'à l'heur que ie deſire,
Tout humble & retiré pour viure ſainctement
Loing de la vanité, deuotienſement
I'oubliray la douleur qui mon ame martyre.

Ne redontant les loups, ny les Lyons meur-
    triers,
Les ongles ny les dents des animaux plus fiers,
Dans ces eſtranges lieux, ie ſuiuray mon enuie,
Puiſque la pieté ſe loge dans mon cœur
Enfuyant les deſſeins de ma deuote erreur
I'effaceray le ſoin qui mon courage ennuye,

La triſteſſe me pert, ie ſuis plain de langueur,
Mon eſpoir eſt eſteint ie meurs en ma douleur
C'eſt faict ie ne ſuis plus qu'vne ombre vaga-
    bonde
Et pour ce que ie ſuis en mon mal ſi confus
Hermite ie deſire pour n'apparoiſtre plus,
Auſſi ie ne vis plus: car ie ſuis mort au monde.

Adieu monde inhumain plein d'infidelité
Deuotieux ie ſuis ou auec liberté
Tout au Ciel conſacré ie ſeruiray d'offrande,
Ce me ſera tout vn ſi c'eſt auec labeur
Y paſſant mes regrets i'y trouueray faueur
Le plaiſir eſt plus grand quand la peine eſt plus
    grande.

Ie ne fais pas ces plaintes pour eſtre
ouys des oreilles du monde: car à Dieu
ne plaiſe, que ie m'en vouluſſe ſeruir contre le Ciel, pour l'accuſer de cruauté en la
punition de mes crimes, quoy que ie ſouffre ie le ſouffre patiemment. ie plieray le
col ſous le ioug des peines qu'il plaira à
Dieu m'enuoyer, fuſſent-elles plus rigou-
reuſes que i'endure.

Il y a ſur la terre pluſieurs chemins qui
conduiſent au Ciel, mais le plus court &
le moins dangereux eſt tapiſſé d'eſpines
& bordé de ronces, & c'eſt par celuy-là
que noſtre Sauueur appelle pour y aller
quoy qu'il y fuſt touſiours. De ſorte qu'en
le ſuiuant on ne peut manquer de trouuer
à la fin le giſte de l'eternité, ou tous mes
deſirs enſemble aſpirent, ce qui me faict
reioindre & fouller aux pieds les vanitez
du monde, & terracer ces faux appas de
l'inconſtance dans la varieté que i'y trouue aux pipeuſes amorces que le regne
dreſſe iournellement à ceux qui ſont ſous
ſa captiuité.

Ce qui me faict encore fouler aux pieds
les plus poignantes eſpines que ie trouue

dãs le chemin de ma vie paſſagere, eſt que plus i'en rencontre, plus ie ſuis aſſeuré que ie ne m'eſgare point.

Que ie ſois donc le ſeiour des miſeres, le terrouër des malheurs, & le roſier à produire toutes les eſpines de tous les maux du monde, ie ne veux que les armes de la patience pour triompher de mes ennemis, & ces armes ne ſe refuſent iamais au cœur qui les deſirent, heureux ſont mes mal-heurs, fortunes & deſaſtres, puis que comme vn autre Iob reduit ſur vn fumier de miſere, les yeux tous noirs de larmes, le cœur a demy arraché du ſein par la violẽce du vent de mes ſouſpirs, l'ame atteinte de la douleur de toutes les douleurs enſemble, ne reſpirent qu'vn air battu du ſon de mes plaintes, au plus fort de l'orage & de la tourmẽte de tous ces maux, i'en meſpriſe les rigeurs, & en foulle aux pieds les eſpines, donnant mes larmes, mes ſoupirs & mes plaintes à la nature, pluſtoſt qu'à mon mal-heur, pour ne paroiſtre inſenſible auec vn cœur de chair.

Ne ſont-ce pas des forces plus qu'inhumaines? auſſi viennent elles d'en haut, &

mon cœur d'orez-en auant fera fans ceffe
occupé à l'action d'vne recognoiffance
immortelle, & inefgale à mon pouuoir.
Ie m'eftime donc heureux d'eftre fi mal-
heureux, fçachant que les tourments &
les peines ont efté les plaifirs & les esbats
de noftre Sauueur, & que toft ou tard
il faut porter fa croix pour entrer dans
le Ciel.

C'eft pourquoy de tout noftre cœur
nous deuons nous refoudre à tous les
fleaux qu'il plaift à Dieu nous enuoyer,
car de vouloir s'oppofer contre les efclats
de fa Iuftice Diuine, ce nous feroit vne
pure folie, c'eft autant gaigner que ceux
qui perdent le cours d'vne nuée, s'amu-
feroient à battre l'eau. Mais d'autre part
il nous faut affeurer que fa mifericorde
n'eft feparée de fa Iuftice, & pour obte-
nir quelques effets d'icelle, nous offri-
rons fa Diuinité ce qui s'enfuit.

B ii

ACTION DE GRACE
SVR LA LIBERTÉ DV
Sieur Theophile.

IE chanteray SEIGNEVR, tes gran-
   deurs & ta gloire,
   Tant que le iour naiſtra du beau So-
   leil qui luit,
Tant que l'ombre ſera compagne de la nuiĉt,
Tant que la plaine mer agitera ſans onde,
Et tant que dureront les eſtançons du monde
Ie chanteray ſans ceſſe & ſans repos
La force de ton Sceptre & l'honneur de ton
   los.

Tu és tout grand Seigneur, tout Sainĉt & tout
   loüable
Ta puiſſante bonté n'eut iamais de ſemblable
Tu es plus que les temps, le ſort & le deſtin,
Car t'on eternité ne peut auoir de fin.

Ceux qui premiers au monde ont receu la
   naiſſance
Ont chanté de ton nom l'eſternelle puiſſance
Theophille le chante, & ceux qui d'vn lion
   cours
Tiendront le Pere ou fils la fuitte de nos iours,
En admirant l'effeĉt de tes hautes merueilles
Rechanteront auſſi tes œuures nompareilles,

Et par l'humble deuoir d'vn cœur obeyſſant
Beniroit les vertus de ton nom tout puiſſant.

Ils trembleront craintifs, au bruit grand &
  terrible
Du tonnerre grondant, qui d'vn coup impoſ-
  ſible
Au loix de la nature emporte les clochets
Iette les tours par terre, & roulle les rochers
Mais ils s'aſſeureront en leſgalle Iuſtice
Qui balance en ta main la grace & le ſuplice,
Car ſous les iuſtes Loix eſgallement porté
Chacun reçoit le traict comme il a merité.

Ta Iuſtice SEIGNEVR, & ta miſericorde
S'eſgallent en tes faicts d'vne telle concorde
Que comme iuſte Iuge & comme Pere doux
Le pouuoir de ta force eſt recogneu de tous
Mais ta miſericorde heureuſement ſurpaſſe
L'effort de ta Iuſtice & ta benigne grace
D'vn gratieux pardon reçoit la volonté
Qui ſe ſouſmet, deuote, a ta douce bonté.

Les œuures que tu fais font aſſez recognoi-
  ſtre
Quelle immenſe grandeur en ta grandeur
  peut eſtre,
Tes eſleux bien heureux, vrais enfans du vray
  Dieu
Vont chantans ta loüange & ta gloire en tout
  lieu

Et leurs vers mesurez d'vne iuste cadence
Fait admirer l'estat de ta magnificence.

Estat qui passe autant le Royal appareil,
Que le grand œil du Ciel surpasse icy nostre
œil
Aupres duquel paroient l'apparence mon-
daine,
Comme aupres d'vn haut Pin, l'espine d'vne
plaine
Comme au pres de la Mer vn vain petit ruis-
seau
Qui n'à cours qu'en sa source, & pert soudain
son eau.

Ton Royaume Seigneur, sans borné & sans
limire,
Et comme ton pouuoir d'vne iuste conduitte
De siecle en siecle tourne, & d'vn infinement
Ton grand Royaume aussi dure esternelle-
ment.

Le Seigneur est tres-iuste, & sa saincte parolle
Fidelle & veritable, inconstante ne volle
Et ne suit sans effet la nature du vent
Comme fait le discours de l'homme, qui sou-
uent
Fondé de sur l'appuy de son humeur mou-
uante
Pert lors de sa promesse & l'effect & lat-
tente.

Tres iuſte eſt le Seigneur en tout ce qu'il
    diſpoſe
Tres iuſte eſt le Seigneur, & ſainct en toute
    choſe,
Il eſt tout fauorable à ceux qui de bon cœur
Recherche ſa Clemence, & ſeruent ſa gran-
    deur.

Ceux qui ſeruent à Dieu ont pour leur ſauue-
    garde
Son Sceptre Tout-Puiſſant, qui en fin quoy
    qu'il darde
Ruinera les meſchans, qui contre leur deuoir
N'ont rendu les honneurs à ſon diuin pouuoir
Seigneur ſoit que le iour ou ſe leue ou ſe cou-
    che
Theophille ayt touſiours ton ſainct Nom en
    ſa bouche.

FIN.

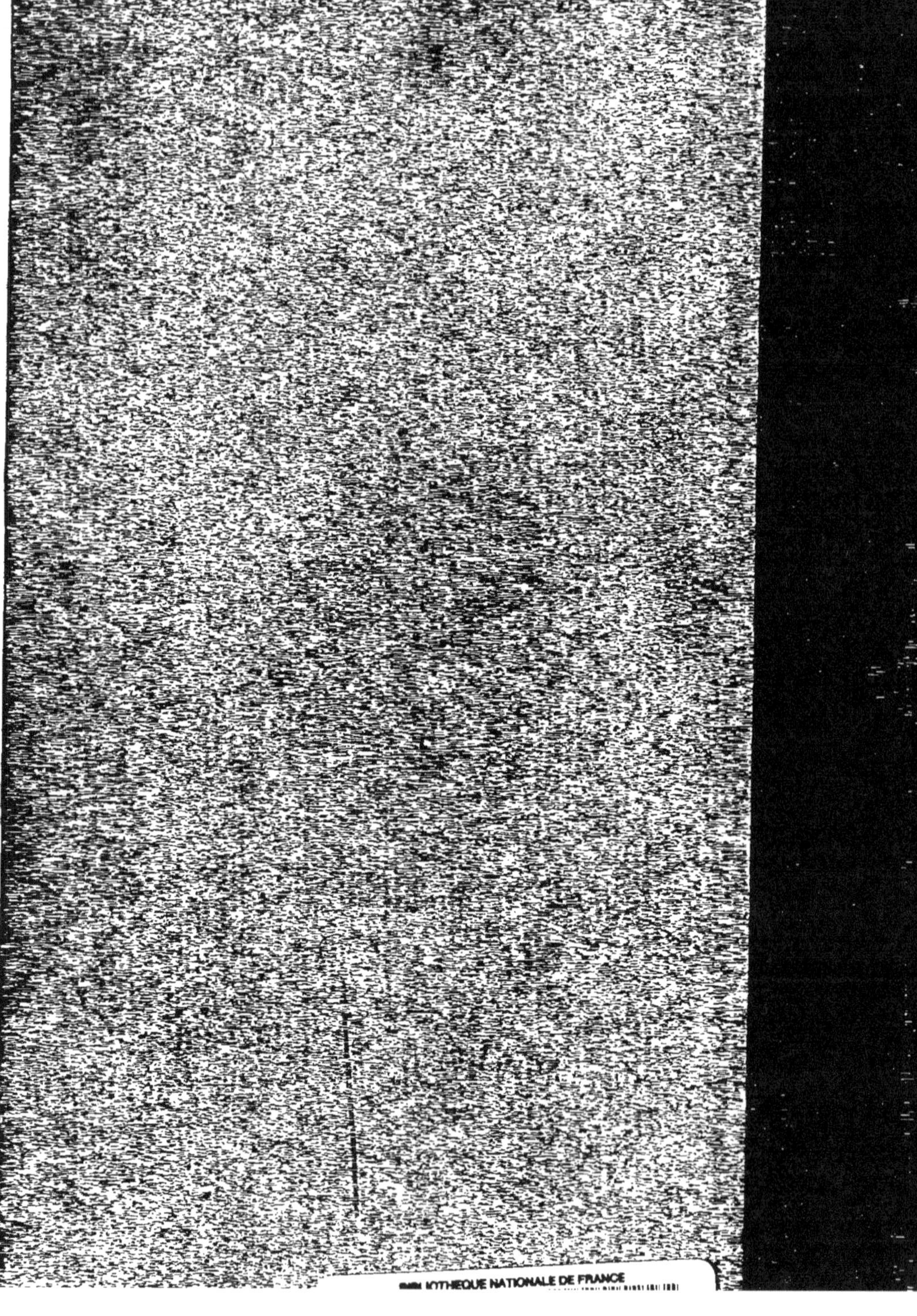